CW00764883

Jean de La Fontaine

Fables

Adaptation de **Jérôme Lechevalier**
Illustrations d'**Alida Massari**

DeA LINK

Écoute l'audio sur ton smartphone

1
Télécharge
l'App **DeALink**

2
Utilise l'App
pour scannériser
la page

3
Écoute l'audio

Secrétariat d'édition : Chiara Versino
Rédaction : Lucia Bisoglio
Conception graphique : Sara Fabbri, Erika Barabino
Mise en page : Annalisa Possenti
Recherche iconographique : Alice Graziotin

Direction artistique : Nadia Maestri

© 2018 Cideb
Première édition : Janvier 2018

Crédits photographiques :
Shutterstock; iStockpoto;Jean de la Fontaine (oil on canvas),
Rigaud, Hyacinthe (1659-1743)/ Musee Jean de la Fontaine,
Chateau-Thierry, France/ Bridgeman Images: 4; De Agostini
Picture Library: 42; The Fox and the Grapes, illustration for
'Fables' by Jean de La Fontaine (1621-95), David, Jules
(1809-92)/Bibliotheque Nationale, Paris, France/Bridgeman
Images: 43; Cineteve/France 2 Cinema/ DR/ COLLECTION
CHRISTOPHEL/MONDADORI PORTFOLIO: 45;
COLLECTION CHRISTOPHEL/MONDADORI
PORTFOLIO:46; Rue Des Archives/AGF: 66.

ISBN 978-88-530-1727-7 Livre + CD

Imprimé en Italie par Italgrafica, Novara.

Member of CISQ Federation

RINA
ISO 9001:2008
Certified Quality System

IQNet

The design, production and distribution of educational materials
for the CIDEB brand are managed in compliance with the rules of
Quality Management System which fulfils the requirements of the
standard ISO 9001 (Rina Cert. No. 24298/02/S - IQNet Reg. No. IT-80096)

Dans cette période de transition, l'éditeur
a décidé de respecter l'orthographe
traditionnelle.

Pour toute suggestion ou information, la
rédaction peut être contactée à l'adresse
suivante :

info@blackcat-cideb.com
blackcat-cideb.com

Sommaire

LE TEXTE EST ENTIÈREMENT ENREGISTRÉ.
Le symbole avec le numéro de piste indique une piste présente
sur le CD audio inclus. Le symbole MP3 indique une piste téléchargeable
depuis notre site, blackcat-cideb.com.

Jean de La Fontaine

Jean de La Fontaine naît en 1621 à Château-Thierry, commune située à 100 km à l'est de Paris. Son père s'occupe de l'administration des rivières et des forêts du territoire. Jeune homme, Jean de La Fontaine s'installe à Paris pour étudier le droit. Il fréquente les cabarets et les milieux littéraires de la capitale. En 1652, il retourne à Château-Thierry pour administrer lui aussi les rivières et les forêts. Il est au contact des paysans qu'il apprécie et il apprend beaucoup d'eux.

En 1654, il publie une première pièce de théâtre, *L'Eunuque*. En 1657, son oncle le présente au surintendant des Finances Nicolas Fouquet qui en fait son protégé. La Fontaine lui écrit des poèmes et un recueil de contes et de nouvelles. Mais en 1661, Fouquet est mis en prison par le roi Louis XIV. Jean de La Fontaine s'éloigne de la cour du roi.

Les six premiers livres des *Fables* paraissent en 1668. Pour se consacrer à la littérature, il vend ses propriétés de Château-Thierry. En 1684, Jean de La Fontaine est élu à l'Académie française. En 1694, il publie ses dernières fables. Il va en publier 240 au total. Il meurt à Paris en 1695.

À l'époque de Jean de La Fontaine

Jean de La Fontaine vit à l'époque de Louis XIV, le « Roi-Soleil ». C'est un monarque absolu : le roi gouverne seul de 1643 jusqu'à sa mort en 1715. Durant son règne, il unifie la France et il remporte de nombreuses guerres. Louis XIV fait construire le château de Versailles où il installe sa cour pour mieux la contrôler. Le « Roi-Soleil » est aussi le protecteur des arts et des lettres. Il s'entoure des artistes de son époque comme les auteurs de théâtre Jean Racine et Molière.

Jean de La Fontaine critique subtilement son époque à travers ses fables et ses personnages-animaux. Il juge la monarchie absolue violente et mal conseillée. En général, Jean de La Fontaine propose de se satisfaire de son sort plutôt que de rêver de prestige. L'écrivain s'intéresse aussi au peuple pour qui il éprouve de l'affection. Mais il le considère comme un enfant qui ne sait pas encore marcher tout seul.

---

1 Compréhension • Dis si les affirmations sont vraies (V) ou fausses (F).

		V	F
1.	Jean de La Fontaine fait ses études à Paris.	☐	☐
2.	Il n'aime pas les paysans.	☐	☐
3.	Nicolas Fouquet est le protecteur de Louis XIV.	☐	☐
4.	La Fontaine publie ses fables entre 1668 et 1694.	☐	☐
5.	Il y a 240 fables en tout.	☐	☐
6.	Louis XIV est un roi démocrate.	☐	☐
7.	Jean Racine et Molière sont des auteurs de théâtre.	☐	☐
8.	La Fontaine est pour la monarchie absolue.	☐	☐

1 Associe chaque mot à l'image correspondante.

un nid   un chêne   du grain   une mouche   du blé   un corbeau
la nuit étoilée   une libellule   un roseau   une rivière   une branche
la gorge   un pot   l'orage   le bec   une hache   un coffre
un piège à oiseaux   un renard   un aigle   une pelle

13	14	15
16	17	18
19	20	21

2 Associe chaque mot à sa définition. Aide-toi du dictionnaire si tu veux.

1. ☐ les crocs	**a**	lance-pierres
2. ☐ un berger / une bergère	**b**	outil formé d'un fer allongé pour creuser
3. ☐ une pioche	**c**	petit de la vache
4. ☐ un veau	**d**	dents pointues du loup
5. ☐ les flancs	**e**	oiseau rapace, parfois dressé pour la chasse
6. ☐ les serres	**f**	outil avec une lame pour découper du bois
7. ☐ un faucon	**g**	personne qui garde les moutons
8. ☐ une fronde	**h**	griffes des oiseaux rapaces
9. ☐ une charrue	**i**	les côtés du corps
10. ☐ une scie	**j**	outil agricole pour retourner la terre

La cigale et la fourmi

piste 02

C'est l'été, le soleil brille et il fait chaud. Comme la saison est belle ! On entend le chant charmant de la cigale. Parce que la cigale est une artiste : elle profite du beau temps, elle s'amuse et chante tout le temps. Elle ne se préoccupe pas du lendemain parce qu'elle trouve facilement de quoi manger. Et elle chante et chante encore parce qu'elle est heureuse.

De son côté, la fourmi est aux champs. Elle travaille sans s'arrêter. Elle ne se repose jamais. Le repos, c'est une perte de temps ! Parce que la fourmi est réaliste, elle travaille pour l'hiver : elle récolte du grain et le ramène dans sa maison en prévision de la mauvaise saison.

Mais quand les premiers jours de froid arrivent, la cigale ne trouve plus une seule petite mouche à se mettre sous la dent[1]. La pauvre, elle a très faim. Il faut pourtant manger ! Que peut-elle faire ?

Alors elle va frapper à la porte de la fourmi, sa voisine. Mais la fourmi n'est pas contente de la voir.

– Qu'est-ce que vous voulez ? dit-elle d'un ton sec.

La cigale sourit et demande très poliment :

– Très chère Madame, pouvez-vous, s'il vous plaît, me prêter juste un peu de grain pour pouvoir passer l'hiver. Je n'ai rien à manger.

– Non, non, non, répond la fourmi en agitant la tête de gauche à droite.

Tout le monde sait que la fourmi n'est pas prêteuse[2].

---

1. à se mettre sous la dent : à manger.
2. prêteuse : qui prête volontiers ses choses aux autres.

– Très chère Madame, avant le prochain mois d'août, je vous rends tout votre grain, avec des intérêts, insiste la cigale.

Alors, la fourmi a un petit sourire moqueur[3] et dit :

– Ma petite demoiselle, moi l'été je travaille, je ne m'allonge pas dans l'herbe tendre pour bronzer au soleil. Et vous, qu'est-ce que vous faites l'été ?

– Moi l'été, répond simplement la cigale, je chante le jour, je chante la nuit. J'aime la chaleur du soleil au bord de la rivière, le parfum des fleurs des champs et la douceur des nuits étoilées du mois d'août.

– Et bien petite madame, si l'été vous chantez, cet hiver vous pouvez danser, dit la fourmi. Vos plaisirs ne m'intéressent pas et si vous mourez de faim, c'est parce que vous êtes une paresseuse et une irresponsable.

Après ces mots, la fourmi rentre dans sa maison et claque la porte derrière elle.

---

3. moqueur : qui n'est pas sérieux, qui ridiculise.

RÉFLEXION

La cigale est *généreuse* parce qu'elle offre son chant aux autres.
La fourmi est *sérieuse* parce qu'elle travaille pour survivre.

1 Choisis les adjectifs qui décrivent chacun des deux personnages et note ceux qui sont positifs et ceux qui sont négatifs. Utilise un dictionnaire pour chercher les mots difficiles.

> *généreuse   sérieuse   égoïste   insensible   polie   dépendante*
> *indépendante   joyeuse   insouciante   frivole   cruelle   prévoyante*

2 Remplis les phrases avec les adjectifs qui conviennent pour exprimer la morale cachée de la fable.

Il ne faut ni être .... , ... et ....
comme la fourmi, ni .... , ... et ....
comme la cigale. Mais il faut être à la fois .... , ...
et .... comme la fourmi et .... , ...
et .... comme la cigale.

Après la lecture • page 48
Valeurs et sentiments • page 78

Le loup et l'agneau

Celui qui est le plus fort a toujours raison. Lis cette histoire et tu vas voir…

piste 03

Un jour, au bord d'une rivière qui coule le long de la colline, un jeune agneau vient s'abreuver¹. Avec sa jolie petite langue rose, il boit l'eau pure, claire et fraîche.

Un peu plus haut sur la rivière, un loup arrive. Il a très faim. Il est de très mauvaise humeur. Depuis le matin, il marche à travers la campagne et à travers la forêt à la recherche d'un bon repas. Et voilà qu'en arrivant au bord de l'eau, il voit un peu plus bas ce jeune agneau.

---

1. s'abreuver : boire, pour les animaux.

Le loup ouvre sa gueule[2], montre ses crocs, bave et dit d'une voix menaçante :

– Hé ! Dis donc petit agneau, comment oses-tu boire l'eau de MA rivière ? Je viens me rafraîchir et toi, tu pollues[3] mon eau pure, claire et fraîche ? Je vais te punir pour ta mauvaise éducation.

– Ô grand seigneur, répond gentiment l'agneau, ne vous mettez pas en colère et regardez : je suis vingt mètres plus bas que vous sur la rivière. L'eau s'en va en coulant vers le bas. Je bois plus bas que vous et le courant descend. Si vous observez bien, je ne peux pas polluer l'eau que vous buvez parce que vous êtes plus haut que moi.

– Bien sûr que tu la pollues, c'est moi qui te le dis ! Je te connais, tu n'es pas poli. Je le sais et je sais aussi que depuis l'année dernière tu racontes à tout le monde des mauvaises choses sur moi.

L'agneau est tout surpris. Mais il répond au loup de sa petite voix aimable et naïve.

– C'est impossible, mon grand seigneur. Je ne peux pas dire des mauvaises choses sur vous depuis

---

2. gueule : bouche de certains animaux quand elle peut s'ouvrir très grand.

3. polluer : salir un lieu, le rendre mauvais pour la santé.

l'année dernière parce que je ne suis né que depuis cette année. Je suis un tout jeune agneau et je bois encore le lait de ma mère, la brebis.

Le loup n'écoute pas ce que lui dit l'agneau. De toutes les manières, il est énervé, il est de mauvais poil [4] comme on dit aussi. Il doit manger quelque chose pour se sentir mieux. Têtu, il continue :

– D'accord ce n'est pas toi, tu es trop jeune. Mais je sais qu'on dit du mal de moi. Et si ce n'est pas toi, c'est donc ton frère qui le dit.

– Mais je n'ai pas de frère, se défend naïvement l'agneau. Vous vous trompez, mon grand seigneur.

Le loup s'énerve un peu plus. Il en a assez de cette conversation. Il a faim et c'est tout. Quelle importance si ce qu'il raconte n'est pas vrai ! Il grogne [5] :

– D'accord ce n'est pas toi et ce n'est pas ton frère parce que tu n'en as pas. Mais je suis sûr de ce qu'on dit et si ce n'est ni toi ni ton frère, c'est quelqu'un que tu connais ! Vous tous, vous ne m'aimez pas, je le sais. Toi l'agneau, ton berger et son chien, je sais que vous dites partout du mal de moi. Dans ces conditions, je ne peux pas rester sans rien faire. Je dois donc me venger.

Alors, le loup s'avance plus bas le long de la rivière. Il marche jusqu'à l'agneau et en ouvrant grand sa gueule, il l'attrape à la gorge.

---

4. **de mauvais poil :** de mauvaise humeur.
5. **grogner :** bruit du chien quand il menace.

Le pauvre agneau ne peut pas se défendre : il est bien trop jeune et bien trop faible pour se battre face au loup. Et c'est comme ça que le loup emporte le pauvre agneau dans la forêt, s'installe au pied d'un arbre et le mange sans faire aucune histoire.

RÉFLEXION

1 Les deux personnages sont parfaitement opposés. Réponds aux questions.

1. Qui est en haut ? ....

2. Qui est en bas ? ....

3. Qui utilise le tutoiement ? ....

4. Qui utilise le vouvoiement ? ....

5. Comment l'agneau appelle-t-il le loup ? ....

6. Qui dit des choses fausses ? ....

7. Qui est sincère ? ....

Après la lecture • page 50
Valeurs et sentiments • page 78

Le chêne et le roseau

piste 04

C'est l'histoire d'un chêne, grand, gros et fort, planté non loin d'une rivière et d'un roseau, petit, mince et délicat qui vit les pieds dans l'eau.

Un jour, le puissant chêne s'adresse au fin roseau. Il dit de sa grosse voix :

– Fragile petit roseau, vous avez le droit de vous plaindre[1] de la Nature. Elle n'est pas généreuse avec vous : vous êtes faible. Vous n'avez pas la force de supporter une petite libellule qui se pose sur vous. Le vent le plus léger, celui qui dessine à peine quelques traits à la surface de l'eau, vous oblige à plier la tête. Au contraire, moi le chêne, je suis grand et puissant. Mes branches, longues et solides,

---

1. **se plaindre :** protester contre quelqu'un ou quelque chose.

donnent de l'ombre à celui qui a chaud en été. Et quand une tempête souffle, on s'abrite[2] sous mon toit. Mais, pour vous, le vent le plus léger est une tempête glaciale. Pour moi, c'est juste une légère brise fraîche et douce. Les herbes qui vivent à mes pieds profitent de ma force. Je les protège quand l'orage éclate. Mais, vous, vous êtes sur les bords humides de la rivière. Ce sont des régions riches en courants d'air. Vous n'avez vraiment pas de chance avec la Nature.

– Cher grand chêne, votre charité est bien aimable. Mais, ne vous faites pas de souci[3] pour moi. En fait, le vent n'est pas un problème. Au contraire ! Quand il souffle, je me plie naturellement. Je ne me casse pas, je suis souple et agile. Par contre, vous, vous supportez les rafales les plus violentes, des coups épouvantables, sans jamais bouger et sans jamais vous courber. Quelle résistance ! Mais quelle fatigue et quelle souffrance ! Attendons encore un peu de voir si vous tenez[4] très longtemps.

Le roseau finit à peine son discours quand un vent terrible, un vent du nord, se lève et se déchaîne[5] sur la campagne.

---

2. s'abriter : chercher protection et refuge.
3. se faire du souci : s'inquiéter.
4. tenir : ici, résister.
5. se déchaîner : se manifester avec violence.

C'est le plus fort et le plus violent des vents. L'arbre résiste et ne cède pas. Le roseau se plie et laisse passer le souffle. Le vent se met en colère. Il se change en un ouragan très violent. Si violent, qu'il déracine le chêne qui s'abat sur le sol. L'arbre est à terre. Il est tombé si fort que maintenant il est mort.

RÉFLEXION

1 La « Nature » est citée deux fois par le chêne. Elle est écrite avec une majuscule pour lui donner de la grandeur et du respect. Retrouve ces deux citations.

2 Choisis les mots qui peuvent correspondre à la Nature.

faiblesse   grandeur   bonheur   respect   injustice   beauté   destin   pollution

Après la lecture • page 52
Valeurs et sentiments • page 78

Le laboureur¹ et ses enfants

Dans la vie, il faut travailler dur. Il ne faut pas avoir peur de se fatiguer parce qu'il y a toujours une récompense après.

piste 05

Un jour, un riche laboureur sent que le jour de sa mort va bientôt arriver. Il appelle ses enfants pour leur parler, sans témoin, parce que personne d'autre ne doit entendre son grand secret.

Quand tous ses enfants sont réunis, il leur dit :

– Je vais bientôt mourir. Vous allez recevoir en héritage les terres que je cultive. Il ne faut pas les vendre. Jamais ! Ces terres viennent

---

1. laboureur : propriétaire d'un champ, qui retourne la terre pour la cultiver.

de mes parents et elles cachent un trésor. Je ne connais pas l'endroit exact. Mais si vous êtes courageux, vous pouvez le trouver. À la fin du mois d'août, après la moisson[2], travaillez et labourez partout le champ, sans oublier le plus petit morceau de terre !

Puis, le père meurt. Les enfants veulent trouver le trésor. Ils ne pensent qu'à ça. Alors ils prennent leur pelle et leur pioche et ils retournent toute la terre du champ. Mais il n'y a pas la moindre

---

2. la moisson : la récolte du blé.

trace d'un coffre rempli d'or...

Cependant, le terrain est si bien labouré, la terre est si bien retournée, que l'année suivante, les récoltes sont formidables. La vente des récoltes est exceptionnelle. Ils ont plus d'argent que jamais. Ils comprennent alors la sagesse de leur père : le travail est un trésor et les efforts[3] sont toujours payants.

3. **les efforts :** forces dépensées pour un travail dur.

RÉFLEXION

1 **Trouve les phrases originales du texte qui illustrent les affirmations ci-dessous et écris-les dans ton cahier. Appuis-toi sur l'exemple.**

Exemple : Le secret est très important, attention aux jaloux !

Il appelle ses enfants pour leur parler, sans témoin, parce que personne d'autre ne doit entendre son grand secret.

a Le champ est dans la famille depuis longtemps et il est très précieux.

b À la fin de l'été, soyez courageux et retournez la terre partout dans le champ !

c Mais, il n'y a pas de trésor enterré dans le champ...

Après la lecture • page 54
Valeurs et sentiments • page 78

La laitière et le pot au lait

Perrette, une jeune laitière, se rend un matin à la ville pour vendre un pot de lait. Elle le porte sur sa tête, bien posé sur un petit coussin. Le chemin est un peu long et pour être plus agile, elle s'est habillée d'un simple jupon et de chaussures sans talon. Notre Perrette avance à grands pas et elle imagine ce qu'elle va pouvoir faire de l'argent qu'elle va gagner avec son lait. Elle se dit à elle-même :

– Et qu'est que je vais faire avec tous ces sous[1] ? Je sais ! J'achète plein d'œufs et j'attends qu'ils éclosent[2]. Ensuite, c'est facile : j'élève

---

1. les sous : l'argent (langage familier).
2. éclosent : se dit des œufs qui s'ouvrent quand le petit va en sortir.

les petits poulets autour de ma maison. Si je les protège bien, le renard ne va pas les manger. Quand ils sont bien gras, je les revends au marché. La vente des poulets va me rapporter encore plus que celle du lait.

Perrette rentre dans la forêt.

– Et qu'est-ce que je vais faire avec tous ces sous ? Je sais ! J'achète un petit cochon que je nourris avec les restes de mon repas. Le cochon grossit[3] vite et quand il est bien gras, je le revends au marché. La vente du cochon va me rapporter encore plus que celle des poulets.

Perrette sort de la forêt et continue gaiement son chemin.

– Et qu'est-ce que je vais faire avec tous ces sous ? Je sais ! J'achète une vache avec son veau. Comme c'est beau un veau qui saute dans le pré…

Perrette est si heureuse qu'elle saute elle aussi. Mais plouf ! Le lait tombe de sa tête et se renverse par terre. La pauvre Perrette n'a plus de lait. Elle est désespérée. Elle peut dire adieu à son veau, à sa vache, à son cochon et à ses poulets gras.

Triste et vraiment désolée, Perrette change de chemin. Elle rentre chez elle et, inquiète, elle va s'excuser auprès de son mari. Un comédien passe par là et il entend l'histoire. Aussitôt, il écrit une farce. C'est une comédie qui va connaître un grand succès sous le nom de « Pot au lait ».

---

3. grossir : devenir gros.

Mais qui ne rêve jamais ? Qui n'a pas de grands projets ?

Quand je ferme les yeux, je suis le plus fort. On m'élit empereur de tout l'univers et mon peuple m'aime comme un dieu. J'ai tellement de couronnes que je ne sais plus comment les poser toutes sur ma tête... Mais quand brusquement j'ouvre à nouveau les yeux, je ne suis plus que moi-même, un simple garçon qui s'appelle Jean de La Fontaine.

RÉFLEXION

1 Choisis les adjectifs qui peuvent qualifier Perrette dans la première partie et ceux qui peuvent la qualifier dans la deuxième partie (une fois le pot cassé).

> *triste   agile   rêveuse   honteuse   joyeuse
> maladroite   heureuse   pauvre*

Première partie : ....

Deuxième partie : ....

Après la lecture • page 56
Valeurs et sentiments • page 78

Les deux coqs

Connaissez-vous la guerre de Troie ? Plus de trente siècles en arrière, Pâris, fils du roi de Troie, enlève la belle Hélène, femme de Ménélas, un roi grec. Pour se venger, les Grecs font la guerre à Troie pendant plus de dix ans.

piste 07

Notre histoire à nous se passe dans un poulailler où vivent deux coqs en paix. Mais un jour, une poule arrive et c'est tout de suite la bataille. Tout comme à Troie, l'amour provoque la guerre.

Pendant plusieurs jours, les coqs se combattent. Le bruit se répand dans tout le voisinage. Tous les animaux du poulailler viennent assister au spectacle. Après un moment, à force de coups méchants, l'un des deux combattants gagne. Pour le prix de sa victoire, il reçoit la compagnie, l'admiration et l'amour de toutes les Hélène au beau plumage[1].

Le vaincu disparaît. Il se cache dans un coin sombre du poulailler. Il pleure sur son sort. Il a perdu son honneur et ses amours préfèrent son rival. Quelle honte ! Il voit l'autre et sa rage monte. Il s'entraîne tous les jours pour prendre sa revanche. Il aiguise bien son bec et ses ailes et ses flancs sont durs comme le roc. Porté par sa jalousie, il redevient un redoutable adversaire.

Mais tous ces exercices ne vont servir à rien.

---

1. les Hélène au beau plumage : les poules.

Un jour, le coq vainqueur se perche[2] sur le toit pour chanter sa victoire. Un vautour passe par là. Il entend le chant du coq. Alors, il attaque le fanfaron et l'emporte dans ses serres. Adieu la gloire, adieu l'amour, bonjour vautour !

Voyant cela, le coq perdant sort de sa cachette[3]. Et grâce à la bonté du destin, il s'en va faire le coquet auprès de ces dames, les poules. Elles le saluent et elles le fêtent parce que c'est lui leur nouveau maître.

Le hasard aime bien faire des coups pareils. Les vainqueurs qui se vantent risquent de s'attirer des problèmes. Il faut faire attention et, après une victoire, il faut rester toujours modeste.

2. se percher : pour les oiseaux, se poser sur un endroit haut.
3. une cachette : refuge.

RÉFLEXION

1 Le *sort*, le *destin* et le *hasard* sont trois mots qui représentent une puissance surnaturelle capable de changer le cours des événements. Cherche ces trois mots dans le dictionnaire et réponds à la question.

Dans la fable, un animal change le cours de l'histoire, tout comme le sort, le destin ou le hasard. Qui est-il ?

2 Retrouve une des morales de l'histoire en choisissant les expressions correctes.

Les *faibles/puissants* ne sont pas à l'abri d'un coup *du sort/de marteau*.

Après la lecture • page 58
Valeurs et sentiments • page 78

Les deux pigeons

piste 08

e vais vous raconter l'aventure de deux pigeons. Ils vivent heureux ensemble. Les deux amis partagent un nid. Mais l'un d'eux s'ennuie à la maison. Il veut voyager et découvrir le monde. Son ami ne veut pas le voir partir. Triste, il lui dit d'une voix tendre :

– Qu'allez-vous faire, mon frère ? Pourquoi voulez-vous me quitter ? Voulez-vous me faire souffrir ? Vous êtes cruel. Vous allez me manquer. L'absence d'un être aimé est la plus grande des douleurs.

Puis il continue, sur un air plus sérieux :

– Réfléchissez encore ! Connaissez-vous toutes les épreuves, tous les dangers et tous les soucis d'un voyage comme celui-ci ? Ce n'est pas encore la belle saison. Attendez donc les vents doux et chauds du printemps. Rien ne vous presse. Ce matin même, j'ai entendu un corbeau annoncer un grand malheur. Vous m'inquiétez et j'ai peur. Il y a beaucoup de faucons dans le ciel et beaucoup de pièges à oiseaux dans les champs. Et enfin, regardez dehors, il pleut ! Ici, il y a tout ce que vous désirez. Vous mangez autant que vous voulez et vous dormez à l'abri. C'est bien vrai, non ?

Ce discours va droit au cœur du pigeon voyageur. Il ne veut pas faire de peine, mais sa curiosité est plus forte. Alors il essaie de consoler son ami :

– Ne pleurez pas, mon frère ! Je ne pars que trois jours. Ce n'est pas long. À mon retour, l'âme satisfaite, je vous raconte mon voyage, toutes mes aventures. Je vais vous distraire. Si je pars, c'est aussi pour nous deux. C'est bien agréable de parler de nouveautés. De mes souvenirs, vous allez même penser : « Oh, c'est moi qui fait ce voyage ! ».

Alors, les deux pigeons pleurent beaucoup, puis se saluent. Le voyageur s'éloigne et s'envole dans le ciel. Mais voilà qu'un mauvais nuage l'oblige à vite trouver un abri. Il se réfugie sur la branche du premier arbre venu. L'orage éclate et les violentes rafales de vent maltraitent le pigeon mal protégé par le maigre feuillage.

Quand le calme revient, le pauvre voyageur tremble tellement il a froid. Il s'envole de nouveau et sèche comme il peut son corps trempé de pluie.

Un peu plus loin, dans un champ, il voit du blé fraîchement coupé et un autre pigeon qui semble le goûter. Comme ce repas semble appétissant ! Mais à peine s'est-il posé qu'il est pris dans un filet : c'est un piège fait exprès pour attirer les volatiles comme lui. Heureusement, le filet n'est plus tout neuf. Il l'attaque à coups d'ailes, à coups de bec et à coups de pattes. Et le filet se casse. Ouf ! Il s'échappe, mais il laisse quand même quelques plumes dans la bataille.

C'est alors, qu'un vautour aux serres bien pointues repère notre fragile voyageur. Celui-ci traîne à la patte des restes du filet. Ce

qui le fait ressembler à un prisonnier évadé. Le vautour va en faire son repas. Mais un aigle géant apparaît brusquement et attaque le vautour pour lui disputer sa proie. Les deux voleurs se battent et le pigeon s'échappe.

Notre voyageur fuit la campagne ouverte. C'est beaucoup trop dangereux ! Il trouve une maison sur laquelle se poser. Ses malheurs sont certainement terminés. Mais un enfant cruel prend sa fronde, le vise[1] et le frappe violemment avec sa pierre. Le malheureux oiseau n'est pas mort, mais presque ! Sérieusement blessé, il traîne de la patte et son aile est cassée. Il regrette vraiment d'être parti.

---

1. viser : diriger son arme vers l'animal.

Quelle idée insensée ! Il rentre chez lui, à moitié infirme[2], mais son ami l'accueille, heureux de son retour. C'est la fin des malheurs.

Amis, très chers amis, pourquoi partir ? Modérez vos désirs et contentez-vous de l'amitié sincère. Cette amitié-là, c'est le secret même du bonheur. Elle est toujours plus belle et toujours plus nouvelle. L'amitié authentique est le plus grand des biens. Le reste ne compte pas.

Je me souviens de mes amours. Faisons, s'il vous plaît, un retour en arrière : *je suis encore jeune homme et j'aime une jeune bergère. Même pour tout l'or du monde, je ne quitte pas l'être cher. Je suis et je reste fidèle à mes serments[3].* Hélas, aujourd'hui, que je suis un homme âgé, mon cœur peut-il encore s'enflammer ? Ou bien, suis-je trop vieux pour aimer ?

---

2. infirme : handicapé.
3. serments : promesses solennelles et sacrées.

RÉFLEXION

1 **Dans cette fable, Jean de La Fontaine présente, comme souvent, un récit avec des animaux qui parlent. Mais ici, il raconte aussi au lecteur son expérience personnelle.**

  a Comment La Fontaine appelle-t-il les lecteurs ?

  b Quelle est la personne employée dans le dernier paragraphe ?

  c Que ne fait surtout pas La Fontaine jeune quand il est amoureux ?

2 **Complète la phrase en mettant les mots à la bonne place.**

> *voyage   l'autre   richesse   désir*

Jean de La Fontaine veut convaincre le lecteur que la ....
est à chercher chez .... , et non dans le ....
qui est un .... égoïste.

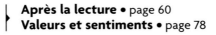

  Après la lecture • page 60
  Valeurs et sentiments • page 78

L'homme et la couleuvre[1]

Un jour, un homme trouve une couleuvre dans l'herbe.

– Méchante bête, dit-il, je vais rendre un service à tout l'univers.

Ensuite, l'animal pervers (nous parlons du serpent, et non de l'homme. Ne nous trompons pas !), donc ensuite, le serpent se laisse attraper et mettre dans un sac. Et l'homme décide de le tuer. Peu importe s'il est coupable ou s'il est innocent. Quelle cruauté !

Pour expliquer son geste, l'homme lui dit :

– Mauvais animal ! Seuls les sots ont pitié des méchants. Tu ne vas plus mordre personne parce que je vais te tuer.

---

1. couleuvre : au XVIIe siècle, ce mot représente tous les serpents, dangereux ou pas.

Le serpent lui répond :

– Si on condamne tous les mauvais du monde, à quoi sert le pardon ? Tu fais un procès avec tes seules raisons. Tue-moi si tu le veux. Mais réalise quand même que ta justice ne sert que ton bon plaisir, tes caprices et tes besoins. Condamne-moi selon ces principes qui sont seulement les tiens. Mais avant de mourir, j'affirme que celui qui est mauvais, ce n'est pas le serpent, mais c'est bien l'homme, en fait.

Sur ces mots, l'homme s'arrête, recule d'un pas, et repart :

– Tes arguments ne sont pas sérieux. Je te tue quand je veux. J'en ai le droit. Mais si tu veux, demandons l'avis de quelqu'un d'autre.

– Très bien, répond le serpent.

Une vache est à côté. L'homme l'appelle et elle vient. On lui expose la situation. Elle écoute et répond :

– La question est très facile. La couleuvre a raison !

Moi même, je nourris l'homme depuis de longues années. Tous les jours, il profite de ma générosité. Tout est pour lui et pour lui seul : mon lait et mes enfants lui rapportent la richesse. S'il est en bonne santé, c'est grâce à mes bons soins. Tous mes efforts ne servent que son plaisir et ses besoins. Une fois vieille, il me laisse attachée dans un coin. Maintenant imaginons un instant une autre situation : serpent, c'est toi mon maître. Es-tu mauvais toi aussi ? M'empêches-tu toi aussi de brouter de l'herbe fraîche ? Voilà, ce que je pense. Au revoir.

L'homme, tout étonné du jugement de la vache, dit au serpent :

– Faut-il croire tout ce qu'elle dit ? Elle est vieille et elle n'a plus toute sa tête[2]. Allons questionner ce bœuf.

– Allons-y, répond le serpent.

L'homme appelle le bœuf qui vient à pas lents. Le ruminant écoute l'homme, puis réfléchit un peu. Enfin, il dit :

– Je travaille dur toute l'année, je porte les charges les plus lourdes et je tire la charrue pour labourer[3] les champs. Ainsi chaque année, l'homme profite des récoltes. Pour toute récompense, on me bat. Vieux, que va-t-il m'arriver ? On va me sacrifier. L'homme paye avec mon sang la grâce de ses dieux.

L'homme, fâché par le discours du bœuf, dit :

– Faisons taire cet ennuyeux parleur. Au lieu de faire l'arbitre, il fait l'accusateur. Son témoignage n'a aucune valeur.

On choisit alors un arbre pour juger. Mais son jugement est pire encore :

– Moi, je sers de refuge contre le vent et la pluie, dit l'arbre. Dans les jardins et dans les champs, je fais de l'ombre à la chaude saison. En plus, je risque de tomber avec le poids de tous les fruits sur mes branches. Et quelle est ma récompense ? Un paysan m'abat.

---

2. ne plus avoir toute sa tête : avoir perdu la capacité de bien raisonner.
3. labourer : retourner la terre pour cultiver un champ.

Je donne des fleurs au printemps, de l'ombre en été, des fruits en automne et l'hiver, je chauffe les cheminées. Pourquoi faut-il qu'on me coupe avec la hache et la scie ? Ce n'est pas mon choix, moi je préfère la vie.

L'homme n'est pas content. Qu'importe si la vache, le bœuf et l'arbre sont convaincants ! L'homme veut avoir raison.

– Je suis trop bon, dit-il, d'écouter ces gens-là.

Alors, il attrape son sac et il le frappe si fort contre le mur qu'il tue la bête à l'intérieur.

C'est comme ça chez les plus forts. Ils croient que tous les êtres vivants sont à leur service : les arbres, les quadrupèdes, les gens et les serpents. Si quelqu'un le leur reproche, c'est forcément un imbécile.

C'est bien possible. Mais que faut-il donc faire ? Parler de loin, ou bien se taire.

RÉFLEXION

1 **La Fontaine traite ici d'un sujet particulièrement d'actualité aujourd'hui. La vache dit : « Tous mes efforts ne servent que son plaisir et ses besoins ». Et l'arbre et le bœuf tiennent à peu près le même discours : l'homme profite d'eux et quand ils sont épuisés, il les abat. Applique cette même idée sur la nature en général. Quel est ce sujet ?**

L'é _ _ l _ g _ _

Après la lecture • page 62
Valeurs et sentiments • page 78

La fable, un genre littéraire

▶ Ésope, *Fables*, manuscrit du XIIe siècle.

La fable est une petite histoire qui met en scène un univers symbolique. C'est un petit récit amusant de la vie ordinaire qui exprime en conclusion une idée ou un conseil qui aidera le lecteur à vivre mieux en général et qui l'aidera aussi à affronter des situations particulières. Depuis les temps les plus anciens, les fables racontent les aventures de personnages imaginaires ou réels, d'animaux, de plantes, d'objets animés, ou encore des forces de la nature (le vent). À chaque fois, ces êtres parlent et agissent tout comme les hommes que l'auteur veut instruire.

L'origine de la fable remonte à l'Antiquité grecque. Les fables d'Ésope, un esclave qui vit entre le VIIe et le VIe siècle avant J.-C., sont les plus connues. Elles mettent toujours en scène des animaux et se concluent par une morale populaire qui vante, par exemple, la fidélité ou l'amour du travail.

La fable existe aussi en Inde, à partir du Ve siècle. Le recueil sanskrit *Pañcatantra*, de l'auteur Bidpai, met en scène des animaux personnifiés doués de pouvoirs surnaturels. D'abord traduites en persan puis en arabe, ces fables orientales sont diffusées en Europe à partir du XIIe siècle.

Jean de La Fontaine connaît et apprécie les fables du *Pañcatantra*. Mais il aime surtout les fables d'Ésope. Il va en reprendre beaucoup, qu'il va réécrire et adapter à son époque, comme par exemple celle du *Loup et l'agneau*.

Vers 1663, quand La Fontaine écrit ses premières *Fables*, le genre est sur le point de disparaître. Le public de l'époque considère alors les fables comme des textes pauvres et enfantins. C'est la politique qui amène La Fontaine à la fable : avec des récits inoffensifs d'animaux, il peut défendre son ami Fouquet et s'attaquer indirectement au roi Louis XIV, personnifié sous les traits d'un lion. En se servant

▶ La Fontaine, *Fables*, illustration du XIXe siècle.

d'animaux, La Fontaine échappe à la censure. Les lecteurs du XVIIe siècle, qui aiment les ouvrages divertissants, apprécient beaucoup les *Fables* qui les instruisent tout en les amusant.

Animaux (*Le loup et l'agneau*), plantes (*Le chêne et le roseau*) ou êtres humains (*La laitière et le pot au lait*), les personnages des fables correspondent toujours à un modèle particulier. Le lion symbolise la puissance, le chêne symbolise la force.

1 Coche dans le tableau les adjectifs qui, selon toi, caractérisent les animaux des *Fables* de La Fontaine.

	puissant	fidèle	cruel	faible	doux	rusé	hypocrite	idiot	méchant
loup									
renard									
chien									
lion									
âne									
singe									
agneau									
pigeon									

2 Dis si les affirmations sont vraies (V) ou fausses (F).

		V	F
1.	La fable est un petit récit amusant qui se conclut par une morale.	☐	☐
2.	L'origine de la fable remonte à l'Antiquité romaine.	☐	☐
3.	Jean de La Fontaine a inventé la fable, comme genre littéraire.	☐	☐
4.	Ésope est un fabuliste grec.	☐	☐
5.	Bidpai est un fabuliste indien.	☐	☐
6.	La Fontaine n'apprécie pas les fables d'Ésope.	☐	☐
7.	La Fontaine écrit des fables pour échapper à la censure.	☐	☐
8.	Le lion symbolise la force.	☐	☐

Jean de La Fontaine, le défi

Jean de La Fontaine, le défi est un film historique français sorti sur les écrans en 2007. Réalisé par Daniel Vigne, il raconte la vie du fabuliste Jean de La Fontaine, joué par Lorànt Deutsch.

Le film s'ouvre sur une grande fête au château de Vaux-le-Vicomte, avec feux d'artifice et grande musique symphonique, composée par Michel Portal. Cette fête magnifique est donnée par le surintendant des Finances, Nicolas Fouquet, protecteur des artistes et de Jean de La Fontaine en particulier. Mais l'invité d'honneur, le roi Louis XIV, est jaloux de Fouquet. Seul le roi a le droit d'organiser des cérémonies aussi belles !

Ensuite, dans une auberge, Jean de La Fontaine fréquente Molière, Jean Racine et le poète Nicolas Boileau. La serveuse, Perrette, jouée par Sara Forestier, est sa maîtresse. Autour de quelques verres de vin, les quatre artistes rigolent, parlent de leur art et discutent de politique.

▶ Une scène du film *Jean de La Fontaine, le défi*.

Puis, Louis XIV fait arrêter Fouquet par son ministre Jean-Baptiste Colbert, joué par Philippe Torreton. Le roi est alors le seul maître des arts. Tous les artistes se précipitent à son service. Seul, Jean de La Fontaine se lève pour affirmer son soutien à Fouquet, son ancien protecteur. Colbert jure de faire plier le rebelle, seul artiste du royaume à situer son art au-dessus du roi. Alors La Fontaine va connaître la misère, mais sans jamais renoncer à ses idées.

Pour développer son scénario, Jacques Forgeas s'appuie sur des faits historiques réels comme l'arrestation de Fouquet. Mais le scénariste prend aussi des libertés avec l'Histoire (c'est son droit !) : par exemple, on nous montre La Fontaine, Molière, Racine et Boileau réunis comme quatre amis inséparables. Pourtant il n'existe aucune preuve de cette amitié. Ce film, d'une durée de 100 minutes, sert surtout à développer l'idée que, pour certains, Jean de La Fontaine est un artiste rebelle.

---

1 Lis attentivement le dossier, puis remplis la fiche.

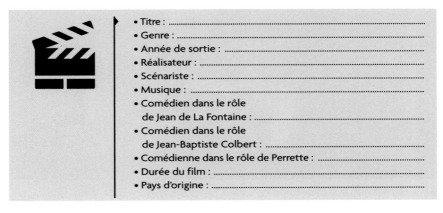

- Titre : ....
- Genre : ....
- Année de sortie : ....
- Réalisateur : ....
- Scénariste : ....
- Musique : ....
- Comédien dans le rôle
  de Jean de La Fontaine : ....
- Comédien dans le rôle
  de Jean-Baptiste Colbert : ....
- Comédienne dans le rôle de Perrette : ....
- Durée du film : ....
- Pays d'origine : ....

Activités

1 **Compréhension • Dis si les affirmations sont vraies (V) ou fausses (F).**

		V	F
1.	La cigale est une artiste.	☐	☐
2.	La fourmi aime se reposer souvent.	☐	☐
3.	L'hiver, la cigale ne trouve plus à manger.	☐	☐
4.	La fourmi n'est pas contente de voir la cigale.	☐	☐
5.	La cigale est très polie.	☐	☐
6.	La fourmi est généreuse.	☐	☐
7.	La fourmi offre du grain à la cigale.	☐	☐
8.	La fourmi claque la porte de sa maison.	☐	☐

2 **Personnages • La cigale est polie, la fourmi est brutale. Fais la liste des actions et des discours qui montrent ce trait de caractère de chacune.**

Exemple : Fourmi → *Qu'est-ce que vous voulez ? dit-elle d'un ton sec.*

Cigale → *La cigale sourit et demande très poliment.*

La forme interrogative avec *est-ce que* et *qu'est-ce que*

Qu'est-ce que vous voulez ?

....

Les questions construites avec *qu'est-ce que* sont généralement employées à l'oral. La structure de la phrase est toujours la même : *qu'est-ce que* + phrase affirmative (sujet + verbe + complément éventuellement).

Les questions construites avec *est-ce que* appellent simplement une réponse positive (oui) ou négative (non). Si le sujet commence par une voyelle, le *que* devient *qu'*.

« *Qu'est-ce que* tu fais pour les vacances ? » « Je pars au bord de la mer. »
« *Est-ce qu'elle part en vacances ? » « Oui, elle part pour la montagne. »

3 Grammaire • Lis les phrases interrogatives ci-dessous et choisis la forme Qu'est-ce que (Qu'est-ce qu') ou Est-ce que (Est-ce qu') qui convient.

1. .... la fourmi est réaliste ?
2. .... la cigale fait tout l'été ?
3. .... la cigale est frivole ?
4. .... elle aime le plus ? Chanter ou travailler ?
5. .... les jours sont plus longs au printemps ?
6. .... vous pensez des artistes ?
7. .... nous ramassons dans les champs ?
8. .... la récolte va être bonne cette année ?
9. .... elles sont de bonnes amies ?
10. .... ils vont faire cet hiver ?

4 Lexique • Complète les définitions ci-dessous. Chaque mot correspond à une saison ou à un moment précis.

1. Quand le soleil est couché : N _ _ _
2. Quand les fleurs apparaissent sur les plantes : _ R _ _ T _ _ P S
3. Quand il neige : _ _ V _ _
4. Début de la journée : _ AT _ _
5. Quand il fait le plus chaud : _ T _
6. Milieu de la journée. _ _ _ I
7. Quand les feuilles des arbres tombent. AU _ _ MN _
8. Du lever du soleil à son coucher : _ _ U _

5 Production orale • Chaque moment de la journée à son nom propre. Les repas aussi. Avec un camarade, trouve le nom de chaque repas et décris ce que tu manges à chaque fois.

Exemple : *Le matin, au petit-déjeuner, je bois du lait chocolaté et je mange une tartine avec de la confiture.*

1 Compréhension • **Choisis la bonne réponse.**

1. Le loup est de mauvaise humeur :
a ☐ parce qu'il n'a pas dormi.
b ☐ parce qu'il a faim.

2. L'agneau ne pollue pas l'eau du loup :
a ☐ parce qu'il est plus en bas.
b ☐ parce qu'il est propre.

3. Quand il accuse l'agneau de dire de mauvaises choses sur lui, le loup est :
a ☐ malhonnête.
b ☐ honnête.

4. L'agneau est né :
a ☐ cette année.
b ☐ l'année dernière.

5. L'agneau répond aux questions du loup de manières :
a ☐ naïves.
b ☐ aggressives.

6. Quand le loup mange l'agneau, il a :
a ☐ bonne conscience.
b ☐ mauvaise conscience.

2 Compréhension • **La morale d'une fable est une leçon de vie. Elle est généralement placée à la fin du texte. Mais cette fable est un peu différente. Réponds aux questions.**

1. Où est placée la morale de l'histoire ?

2. Quelle est la morale de la fable ?

3. L'agneau a-t-il une chance de s'en sortir ?

4. Peux-tu, dès le début de l'histoire, savoir ce qu'il va arriver à l'agneau ?

Tutoiement et vouvoiement

Le **tutoiement** (**tu**) est employé par les très jeunes enfants (jusque vers 7 ans), les jeunes et les adolescents entre-deux, par les membres d'une même famille, par de vieux amis.

Le **vouvoiement** (**vous**) est employé quand on s'adresse à une personne que l'on rencontre pour la première fois, à un supérieur sur l'échelle sociale ou à une personne plus âgée que soi.

Dans certains cas, une personne emploie le **tu** alors que son interlocuteur emploie le **vous** : un adulte face à un jeune, une personne âgée face à une personne beaucoup plus jeune.

3 Grammaire • Choisis le *tu* ou le *vous* pour chaque phrase. Barre la formule inutile.

1. Pardon monsieur, tu sais / vous savez où se trouve la rue de la gare ?

2. Tu as / vous avez cinq ans, tu ne peux / vous ne pouvez pas sortir tout seul.

3. Arthur, tu te souviens / vous vous souvenez quand on était au lycée ensemble ?

4. Madame, tu as / vous avez connu la guerre ?

5. Mon neveu, comment tu vas / vous allez ?

6. Sophie, tu viens / vous venez à la patinoire avec les copains ?

4 Lexique • Retrouve les adjectifs qui correspondent au loup et ceux qui correspondent à l'agneau.

menaçant   gentil   aimable   énervé   têtu   naïf   faible   fort

5 Production orale • Comme dans la fable *Le loup et l'agneau*... Avec un camarade, trouve une situation identique (mais moins dramatique, évidemment) à laquelle vous avez été confrontés. Qui est le fort, qui est le faible ? Raconte comment chacun se comporte et propose le bon comportement à adopter pour le fort et pour le faible.

1 Compréhension • Remets les phrases dans le bon ordre.

a ☐ Le chêne dit qu'il est puissant.

b ☐ Le roseau plie et laisse passer le vent.

c ☐ Le chêne meurt à cause du vent.

d ☐ Le chêne dit au roseau qu'il est faible.

e ☐ Le roseau dit au chêne de ne pas se faire de souci pour lui.

f ☐ Un vent terrible se lève.

g ☐ Le roseau pense que le chêne souffre beaucoup quand il résiste au vent.

2 Compréhension • Réponds aux questions ci-dessous.

1. Qui commence le dialogue ?

2. Selon toi, le chêne éprouve de la pitié envers le roseau ou bien il veut vanter sa force ?

3. Comment réagit le roseau face aux provocations du chêne ?

4. Qui a le plus de chance à la fin de l'histoire ?

3 Compréhension • Ici, la morale n'est pas citée à la fin de la fable. Mais elle est facile à comprendre. On peut même dire qu'elle s'oppose à celle de la fable précédente *Le loup et l'agneau*. Reconstruis la phrase pour trouver la morale.

n'est pas   La raison   toujours   la meilleure.   du plus fort

4 Lexique • Complète les phrases avec le bon mot.

bouger   orage   terre   ouragan   plier   délicat   branches   agile

1. Le roseau est petit, mince et ....

2. Le vent le plus léger oblige le roseau à .... la tête.

3. Les .... du chêne donnent de l'ombre en été.

4. Le chêne protège les herbes quand l'.. éclate.

5. Le roseau est souple et ....

6. Le chêne supporte les vents violents sans ....

7. L'..................................... déracine le chêne.

8. Le chêne est à ....

5 Lexique • Relis la fable et trouve les mots qui correspondent aux définitions.

1.	Insecte au long corps et aux longues ailes.	L _ B _ _ _ U _ E
2.	Endroit où le soleil n'arrive pas.	_ M B R _
3.	Mauvais temps très violent.	T _ _ _ Ê _ E
4.	Mauvais temps accompagné d'éclairs et de tonnerre.	_ R A _ E
5.	Augmentation soudaine et rapide du vent.	R _ F _ L _
6.	Arracher un arbre de la terre.	D É _ _ C I _ _ _

6 Production écrite • Le roseau, en se pliant face au vent, s'adapte aux conditions météorologiques. Le chêne, lui, ne s'occupe pas de la météo. Dans la vie en général, faut-il mieux s'adapter aux situations, ou rester soi-même sans faire de compromis ?

....

....

....

....

....

1 Compréhension • Dis si les affirmations sont vraies (V) ou fausses (F).

	V	F
1. Le laboureur veut parler à ses enfants parce qu'il sait qu'il va mourir.	☐	☐
2. Le laboureur veut vendre le champ.	☐	☐
3. La moisson se finit au mois de septembre.	☐	☐
4. Les enfants ne trouvent pas le trésor parce qu'ils cherchent mal.	☐	☐
5. Les récoltes sont formidables quand la terre est bien retournée.	☐	☐
6. Le laboureur est un homme sage.	☐	☐

2 Personnages • Coche les caractéristiques qui correspondent aux personnages.

	naïf(s)	aime(nt) l'argent	jeune(s)	rusé(s)	sage(s)	vieux
Le père						
Les enfants						

L'impératif présent

Travaillez et *labourez* partout le champ !

L'impératif présent sert à donner un ordre ou à exprimer une interdiction. On n'utilise pas de pronom personnel sujet devant le verbe à l'impératif. Il se conjugue seulement à trois personnes (2e du singulier, 1ère et 2e du pluriel). Ces trois formes sont conjuguées comme les formes du temps présent de l'indicatif, mais sans le s à la fin de la 2e personne du singulier pour les verbes du premier groupe.

Tu manges → Mange !   Tu choisis → Choisis !   Tu prends → Prends !

	1er groupe	2e groupe	3e groupe
2e personne du singulier	aime	finis	vois
1ère personne du pluriel	aimons	finissons	voyons
2e personne du pluriel	aimez	finissez	voyez

Attention aux auxiliaires : *avoir → aie, ayons, ayez* ; *être → sois, soyons, soyez*
Particularités (à la 2e personne du pluriel) : *dire → **dites**, faire → **faites***.
La négation s'exprime en ajoutant *ne* avant le verbe et *pas* après.

3 Grammaire • Transforme les phrases à l'impératif.

1. Tu travailles la terre. .... !

2. Nous labourons le champ. .... !

3. Vous creusez le terrain. .... !

4. Nous ne vendons pas le terrain. .... !

5. Vous finissez les travaux des champs. .... !

6. Tu ne dors pas pendant la moisson. .... !

7. Vous choisissez votre avenir. .... !

8. Tu cherches le trésor. .... !

4 Lexique • Relis la fable et complète les définitions.

1. Il possède un champ qu'il cultive : L _ B _ _ R _ _ R

2. Cadeau reçu pour un bon travail : R É C _ _ P _ _ S _

3. Biens transmis lors d'une succession : H _ R _T _ G _

4. Récolte du blé : _ O I _ _ O N

5. Caisse en bois et métal : C _ F F _ _

6. Métal précieux : _ _

5 Production orale • Avec un camarade, fais la liste des travaux difficiles que vous avez fait et qui vous ont rapporté une belle récompense.

1 Compréhension • Choisis la bonne réponse.

1. Perrette porte des chaussures sans talon :

a ☐ parce qu'elle n'en a pas d'autres.

b ☐ pour mieux marcher sur le chemin de campagne.

2. Si elle protège bien ses poulets :

a ☐ le renard ne va pas les manger.

b ☐ ils ne vont pas s'enfuir.

3. Perrette veut nourrir son cochon avec :

a ☐ les restes de son repas.

b ☐ de la confiture.

4. Le lait tombe de la tête de Perrette :

a ☐ parce qu'il y a du vent.

b ☐ parce qu'elle saute comme un petit veau.

5. La pièce de théâtre « Pot au lait » est :

a ☐ une histoire drôle.

b ☐ une histoire triste.

6. Quand il ferme les yeux, Jean de La Fontaine :

a ☐ s'endort sans rêver.

b ☐ fait de grands rêves.

2 Compréhension • La morale de *La laitière et le pot au lait* n'est pas écrite, mais on peut la deviner. Un proverbe est une petite phrase qui exprime un conseil populaire. En voici trois. Retrouve leur signification. Puis choisis lequel peut servir de moral pour la fable.

1. « Il ne faut pas mettre tous ses œufs dans le même panier. »

2. « Il ne faut pas vendre la peau de l'ours avant de l'avoir tué. »

3. « Une hirondelle ne fait pas le printemps. »

a ☐ Il ne faut faire de projet avec une chose avant d'être sûr de la posséder.

b ☐ Il ne faut pas se fier trop vite aux apparences.

c ☐ En affaires, il faut être prudent et ne pas tout risquer sur un projet unique.

L'accord de l'adjectif au féminin et au pluriel

Pour mettre un adjectif au féminin, on ajoute généralement un *e* à la fin.

Guillaume est petit. → *Sandrine est petite.*

Exceptions ! Pour les adjectifs qui se terminent en *-eux*, le *x* se transforme en *s* avant d'ajouter le *e* :

amoureux → *amoureuse*

Si l'adjectif se termine déjà par un *e* au masculin, il ne change pas au féminin :

Jean est agile. → *Perrette est agile.*

Il y a aussi quelques adjectifs irréguliers à connaître :

beau → *belle   doux* → *douce   blanc* → *blanche   long* → *longue   jaloux* → *jalouse*

Pour mettre un adjectif au pluriel, on ajoute un *s* qui ne se prononce pas.

Exceptions ! Les adjectifs qui finissent par *-al* ont un pluriel en *-aux*, au masculin, et en *-ales* au féminin :

Le journal national → *Les journaux nationaux* → *Les équipes nationales*

On n'ajoute pas de *s* aux adjectifs qui se terminent par un *s* ou un *x*. Attention toutefois au féminin pluriel :

Claude est heureux. → *Claude et Pascal sont heureux.* → *Sophie et Marie sont heureuses.*

3 Grammaire • Accorde les adjectifs entre parenthèses.

1. Perrette est .... (joyeux) quand elle va au marché.

2. La route est .... (long) pour se rendre à la ville.

3. Les basketteuses sont .... (heureux) de gagner le championnat.

4. Jeanne et Pierre sont .... (amoureux).

5. Les chaussures de Perrette sont .... (confortable).

6. En Normandie, les maisons sont très .... (beau).

4 Production orale • Dans la dernière partie de la fable, La Fontaine écrit à la première personne pour parler de ses expériences personnelles quand il rêve. Raconte à un camarade ton rêve le plus fou.

1 Compréhension • **Remets les phrases dans le bon ordre.**

a ☐ Le perdant se cache honteux.

b ☐ Un coq gagne la bataille.

c ☐ Une poule arrive dans le poulailler.

d ☐ Les deux coqs se battent.

e ☐ Le coq perdant sort de sa cachette et devient le roi du poulailler.

f ☐ Un faucon emporte le coq qui se vante.

g ☐ Le coq vainqueur fanfaronne sur le toit.

h ☐ Le perdant s'entraîne pour un prochain combat.

2 Compréhension • **Complète le texte avec le bon mot.**

| Troyens Troie Pâris Grecs Ménélas Hélène Jésus-Christ |

Au XIIe siècle avant la naissance de (**1**) ...., les (**2**) .... déclarent la guerre aux (**3**) .... (**4**) .... veut retrouver sa femme, (**5**) .... Elle est prisonnière de (**6**) ...., le fils du roi de (**7**) ....

3 Compréhension • **Réponds aux questions ci-dessous.**

1. Pourquoi la guerre est-elle déclenchée dans le poulailler ?
....

2. Est-ce une bonne raison de faire la guerre ?
....

3. Quel est le coq le plus fier ?
....

4. La fin de l'histoire est-elle surprenante ?
....

5. Moralité, vaut-il mieux défier le destin ou vaut-il mieux rester prudent ?
....

4 Lexique • Retrouve les définitions qui correspondent aux mots ci-dessous.

1. ☐ vengeance   **3.** ☐ revanche   **5.** ☐ vantardise
2. ☐ honte   **4.** ☐ jalousie   **6.** ☐ modestie

a Comportement de celui qui glorifie avec exagération ses qualités.

b Action d'une personne pour punir celui qui lui a fait du mal.

c Sous-apprécier ses propres qualités.

d Sentiment d'avoir commis une action pas glorieuse.

e Racheter une défaite par une victoire.

f Sentiment envieux, désir de posséder une personne aimée qui est avec quelqu'un d'autre.

5 Lexique • Associe chaque mot à l'image correspondante.

coq   poussin   poule   canard   dindon   oie

1 ....
2 ....
3 ....
4 ....
5 ....
6 ....

1 Compréhension • Dis si les affirmations sont vraies (V) ou fausses (F).

	V	F
1. Le pigeon voyageur s'ennuie à la maison.	☐	☐
2. Le pigeon non voyageur accuse son ami de vouloir le faire souffrir.	☐	☐
3. Le pigeon voyageur part sans consoler son ami.	☐	☐
4. Un orage empêche le pigeon voyageur de quitter sa maison.	☐	☐
5. Après l'orage, le pigeon voyageur est tout mouillé.	☐	☐
6. Dans un champ, il voit un autre pigeon manger du maïs fraîchement coupé.	☐	☐
7. Le pauvre pigeon est blessé et il traîne un morceau de filet à la patte.	☐	☐
8. Un homme vise le pigeon avec un fusil.	☐	☐
9. Le pigeon rentre en pleine forme chez lui.	☐	☐
10. Son ami, le pigeon non voyageur, est content de son retour.	☐	☐

2 Personnages • L'un veut persuader l'autre de ne pas partir, l'autre explique pourquoi il veut partir. Relis le texte et fais la liste des arguments du pigeon non voyageur et la liste des arguments du pigeon voyageur.

Pigeon non voyageur : ....

....

Pigeon voyageur : ....

....

La négation

Son ami *ne* veut *pas* le voir partir.

La négation d'un verbe est composée par le mot *ne*, placé devant le verbe conjugué, et le mot *pas*, placé après le verbe conjugué.

Attention, devant un verbe qui commence par une voyelle ou un h muet, *ne* devient *n'* :

*Ce **n'**est **pas** long.*

3 Grammaire • Remets les phrases dans le bon ordre.

1. moi. / gentil / pas / n' / êtes / avec / Vous

   ....

2. belle / n' / pas / encore / saison. / la / Ce / est

   ....

3. est / n' / Son / corps / sec. / pas

   ....

4. malheureux / n' / est / mort. / Le / oiseau / pas

   ....

5. Le / pas. / reste / ne / compte

   ....

6. cher. / Je / quitte / pas / être / l' / ne

   ....

4 Lexique • Complète les définitions ci-dessous.

1. Qualité de quelqu'un qui veut savoir et connaître : C _ _ _ O S I T _

2. Gros oiseau tout noir : C _ _ _ E A _

3. Piège de fils tressés pour attraper les animaux et les poissons : F _ _ _ T

4. Rapace au cou déplumé qui mange des animaux morts en général :
   V _ _ T _ _ R

5 Production écrite • Fais la liste des points positifs de l'amitié et fais aussi la liste des points positifs du voyage.

L'amitié : *par exemple, un ami nous console dans les moments difficiles,*

....

....

....

Le voyage : *par exemple, on découvre des cultures différentes,*

....

....

....

1 Compréhension • **Choisis la bonne réponse.**

1. L'homme veut tuer le serpent parce qu' :

   a ☐ il le trouve laid.   **b** ☐ il risque de mordre.

2. Le serpent veut prouver que l'homme est :

   a ☐ mauvais.   **b** ☐ ignorant.

3. La vache est :

   a ☐ vieille.   **b** ☐ jeune.

4. Le bœuf est d'accord avec :

   a ☐ l'homme.   **b** ☐ la vache.

5. Le jugement de l'arbre est :

   a ☐ plus dur que ceux de la vache et du bœuf.

   b ☐ incompréhensible.

6. L'homme pense que tous les êtres vivants sont :

   a ☐ égaux.   **b** ☐ à son service.

2 Compréhension • **« Parler de loin ou bien se taire » écrit La Fontaine à la fin de sa fable. Réponds aux questions.**

1. « Parler de loin » signifie ici :

   a ☐ s'exprimer hors du pays soumis à la censure ou sous un pseudonyme.

   b ☐ parler de choses peu importantes.

   c ☐ parler bien du pouvoir.

2. « Se taire » signifie ici :

   a ☐ penser à autre chose.

   b ☐ faire croire qu'on est d'accord, tout en pensant différemment à l'intérieur.

   c ☐ empêcher tout le monde de parler.

3. La morale de la fable *L'homme et la couleuvre* est une morale :

   a ☐ d'obéissance.

   b ☐ de combat.

   c ☐ de prudence.

3 Personnages • Sans relire le texte, complète le discours de la vache avec les mots ci-dessous.

> mauvais   vieille   années   facile   couleuvre
> générosité   lait   santé   efforts   serpent

La question est très .... La .... a raison ! Moi-même, je nourris l'homme depuis de longues .... Tous les jours, il profite de ma .... Tout est pour lui et pour lui seul : mon .... et mes enfants lui rapportent la richesse. S'il est en bonne ...., c'est grâce à mes bons soins. Tous mes .... ne servent que son plaisir et ses besoins. Une fois ...., il me laisse attachée dans un coin. Maintenant imaginons un instant une autre situation : ...., c'est toi mon maître. Es-tu .... toi aussi ? M'empêches-tu toi aussi de brouter de l'herbe fraîche ? Voilà, ce que je pense. Au revoir.

4 Lexique • Associe les mots à leur synonyme.

1. ☐ coupable		a	imbécile
2. ☐ innocent		b	embêtant
3. ☐ cruauté		c	fautif
4. ☐ sot		d	compassion
5. ☐ pitié		e	méchanceté
6. ☐ ennuyeux		f	pas responsable

1 **Écoute l'enregistrement de cette fable de La Fontaine. C'est certainement la plus connue des élèves français. Puis, réponds aux questions.**

piste 10

1. Quelle est le titre de cette fable ?

....

2. Combien y a-t-il de personnages ?

....

3. Que tient le corbeau dans son bec ?

....

4. Qui est attiré par la bonne odeur ?

....

5. Qui donne une leçon à l'autre ?

....

6. Qui est tout honteux d'avoir été trompé ?

....

2 Réécoute l'enregistrement et choisis la bonne expression dans chaque phrase.

piste 10

1. Si votre *voix/expression* est aussi belle que vos plumes, vous êtes la créature la plus *belle/extraordinaire* de la forêt.

2. Il ouvre grand son bec et son fromage *tombe/s'envole*.

3. Il est content du tour qu'il vient de *donner/jouer* au corbeau.

4. Le corbeau se trouve tout *honteux/content* d'avoir perdu son fromage.

3 Réécoute l'enregistrement et classe les phrases dans le bon ordre chronologique.

piste 10

a ☐ Le renard attrape le fromage.

b ☐ Le corbeau est honteux, il n'a plus de fromage.

c ☐ Le renard complimente le corbeau.

d ☐ Le corbeau tient un fromage dans son bec.

e ☐ Le corbeau ouvre son bec et le fromage tombe.

piste 11

4 Tu vas entendre l'enregistrement d'une interview de deux étudiants qui ont mis en scène les fables de La Fontaine, mais en les mélangeant avec des chansons de rap. Écoute et complète avec les mots qui manquent.

JOURNALISTE Dans le spectacle « De La Fontaine à Booba », les textes (**1**) .... se mélangent et s'entrechoquent avec des morceaux de rap. Valentin et Guillaume, d'où vous est venue l'idée d'associer les fables de Jean de La Fontaine au rap dans un même (**2**) .... ?

VALENTIN Tout commence quand on fréquente tous les deux le même cours de théâtre. Le prof nous fait répéter des (**3**) .... de La Fontaine sur scène. C'est là, qu'on décide d'adapter ces fables dans une version moderne et d'y ajouter aussi des morceaux de rappeurs comme IAM et Lucio Bukowski. Avec l'envie de se poser une question : « Qu'est-ce que la (**4**) .... ? »

JOURNALISTE Sur scène, le public peut s'attendre à quoi ?

GUILLAUME On souhaite parler de poésie en affrontant les images stéréotypes. C'est pour cela que nous mettons en scène une (**5**) .... , joyeuse, entre deux (**6**) ...., l'un classique, qui respecte le texte à la lettre et l'autre, moderne, qui s'exprime librement avec le rap. C'est un vrai défi d'adapter des fables du XVIIe siècle et des poèmes d'une manière contemporaine. On cherche à les rendre vivants en utilisant les codes du rap, en apportant cette nouvelle forme rythmée.

JOURNALISTE Le rappeur Booba et Jean de La Fontaine, un cocktail étonnant ?

VALENTIN Pour le titre du spectacle, nous avons choisi un rappeur français avec une manière de (**7**) .... très personnelle. Et Booba est un personnage (**8**) .... , provocateur. On aime bien le contraste dans l'association de Booba et de Jean de La Fontaine.

JOURNALISTE Quel message souhaitez-vous faire passer avec cette pièce ?

GUILLAUME En mélangeant du rap avec des textes classiques, on veut dire que toutes les formes d'écriture sont importantes. Le rap et les fables sont deux activités de réflexion avec des (**9**) .... sur le langage. Tous les deux apportent des émotions.

Le blog de Jean de La Fontaine

Chère lectrice, cher lecteur du XXIe siècle,

C'est avec un immense plaisir que je vous présente mes fables. J'espère que ces petites histoires vous parlent encore aujourd'hui.

Je vous souhaite une bonne lecture. Avec toute mon amitié,

Jean de La Fontaine

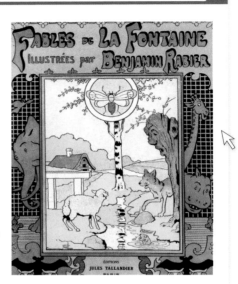

1 Utilise un moteur de recherche pour répondre à ces questions.

1. Cite une fable de La Fontaine avec une tortue.

....

2. Cite une fable de La Fontaine avec un âne.

....

3. Cite une fable de La Fontaine avec un rat.

....

4. Cite une fable de La Fontaine avec un lion.

....

5. Cite une fable de La Fontaine avec une grenouille.

....

6. Quelle est la fable de La Fontaine dont la morale dit : « Rien ne sert de courir, il faut partir à point » ?

....

7. Quelle est la fable de La Fontaine dont la morale dit : « La méfiance est mère de la sûreté » ?

....

8. Quelle est la fable de La Fontaine dont la morale dit : « Tel est pris qui croyait prendre » ?

....

9. Quelle est la fable de La Fontaine dont la morale dit : « On a souvent besoin d'un plus petit que soi » ?

....

10. Quelle est la fable de La Fontaine dont la morale dit : « Ventre affamé n'a point d'oreilles » ?

....

2 Dès les premières publications, les *Fables* de La Fontaine sont une source d'inspiration pour beaucoup de peintres, de graveurs et de dessinateurs. Utilise un moteur de recherche pour retrouver ces images et réponds aux questions.

1. Dans la gravure de François Cheveau, pour *Le corbeau et le renard*, qui tient le fromage ?

....

2. Dans l'illustration de Granville pour *La cigale et la fourmi*, que tient la cigale ?

....

3. Dans la gravure de Gustave Doré pour *La laitière et le pot au lait*, où est le pot ?

....

4. Sur la planche illustrée par Benjamin Rabier pour *Le chêne et le roseau*, combien de fois voit-on le chêne ?

....

1 Compréhension écrite • Lis le texte et réponds aux questions.

Comme tous les ans au mois de juin, la ville et ses habitants s'unissent pour la traditionnelle « Fête Jean de La Fontaine ». C'est un hommage festif et populaire que nous rendons à celui qui est né dans notre ville, en 1621. Nous rendons aussi hommage à notre belle région et à son célèbre vin, le champagne.

Le maire de Château-Thierry

Vendredi 23 juin

14h-16h – Square des Petits Prés : chansons par les élèves des écoles de la ville.

19h – Visite inaugurale de la fête foraine.

20h – Concert de l'Union musicale, place de l'Hôtel de Ville.

Samedi 24 juin

11h-13h30 – Maison de l'Amitié France-Amérique : Dégustation de champagne commentée par un vigneron champenois.

14h-18h – Musée Jean de La Fontaine : animations musicales, spectacle, exposition et activités ludiques pour tous.

18h – Pique-nique avec le Syndicat Général des Vignerons de la Champagne, au vieux château.

21h – Retraite aux flambeaux au départ du Musée Jean de La Fontaine.

21h30 – Spectacle de Feeling Dance, place de l'Hôtel de Ville.

22h15 – Concert du conservatoire intercommunal de musique Bernard Mesnil.

22h30 – Lâcher de lanternes.

23h – Spectacles son et lumière et soirée dansante, place de l'Hôtel de Ville.

Dimanche 25 juin

9h-11h – Sur les bords de la Marne : parade nautique.

14h-18h – Centre-ville : défilés en costume d'époque, départ place de l'Hôtel de Ville. Feu d'artifice.

1. Qui a signé ce texte ?

....

2. C'est :

    a ☐ le calendrier scolaire.

    b ☐ un programme des festivités.

    c ☐ une invitation pour une fête.

3. Dans quelle ville est né Jean de La Fontaine ?

....

4. En quelle année est né Jean de La Fontaine ?

....

5. Comment s'appelle la boisson de la région ?

....

6. Qui chante au square des Petits Près le vendredi ?

....

7. Cite trois lieux de la ville.

    a ....

    b ....

    c ....

8. Par quel événement se conclut le deuxième jour de la fête ?

....

9. Quand a lieu le feu d'artifice ?

....

10. Comment s'appelle la rivière qui traverse la ville ?

....

2 Compréhension écrite • Les personnages des *Fables* de La Fontaine ont des goût culinaires bien particuliers. Retrouve la recette qui plaît à chacun. Écris dans la case la lettre qui correspond au plat de chacun.

1. La cigale ☐
La cigale est frugale, c'est-à-dire qu'elle se nourrit de peu et d'une manière assez simple. Elle aime surtout les fruits ou les crudités.

2. La fourmi ☐
Comme elle travaille toute la journée, la fourmi a besoin d'un plat bien chaud qui lui remplit bien le ventre pour longtemps. Elle aime les plats de viande au four.

3. Le loup ☐
Il aime la viande, mais il ne l'aime pas trop cuite. Il ne digère pas les produits laitiers. Il aime aussi les pommes de terre, et il déteste la salade.

4. L'agneau ☐
Ce jeune agneau se nourrit de produits laitiers, frais. Il est végétarien et apprécie particulièrement la salade verte.

5. Le coq ☐
Ce combattant aime les poissons qui lui donnent de la force et du courage. Il aime beaucoup les légumes secs. Il ne mange pas de viande et n'aime pas non plus les produits laitiers.

a **Le steak-frites :** épluchez les pommes de terre, coupez-les en tranches et faites-les frire dans l'huile. À la fin de la cuisson, salez-les. Puis, faites bien chauffer votre poêle et déposez votre viande de bœuf. 4 minutes par face pour un steak bien saignant. Déposez-le dans l'assiette avec les frites et un peu de moutarde.

b **La salade de fruit :** dans un saladier, épluchez deux pommes et deux poires et coupez-les en morceaux. Coupez deux kiwis en morceaux. Épluchez une orange et coupez-la en quartiers. Coupez une banane en rondelles. Ajoutez une grappe de raisin blanc. Mélangez avec du sucre et du jus de citron. Mettez au frais avant de servir.

c **Filets de cabillaud aux lentilles :** faites cuire les lentilles avec un bouquet garni (thym, laurier et persil), des carottes en petits dés et des oignons émincés. Dans une poêle, faites fondre une noix de beurre et déposez les filets de poisson. Attention, le cabillaud ne doit pas cuire plus de 5 minutes ! Servez les lentilles et le poisson ensemble.

d **Salade de crottins de chavignol :** chez votre fromager, faîtes-vous servir quatre beaux crottins de chavignol. Choisissez ces fromages de chèvre plutôt frais. Préparez une belle salade verte avec de la vinaigrette. Mettez les crottins sur des petits pains toastés et passez-les 5 minutes au four. Posez les crottins chauds sur la salade.

e **Le hachis Parmentier :** préparez une purée de pomme de terre. Mélangez la viande hachée avec un oignon et de l'ail, un peu de sel et du poivre. Dans un plat rectangulaire, répartissez la viande sur toute la surface, puis versez la purée dessus. Ajoutez du fromage râpé sur le dessus et passez au four pendant 30 minutes.

3 Compréhension écrite • **Lis le texte et réponds aux questions.**

Un jour une tortue propose une course à un lièvre. Le lièvre rigole beaucoup. Il pense que cette course est impossible à remporter pour la tortue. Elle est tellement lente, et lui est si rapide ! Il accepte, mais il la laisse partir en avance. S'il part en même temps qu'elle, c'est la honte ! Alors, il en profite pour brouter un peu d'herbe et même pour se reposer. La tortue avance tout doucement. « Quand la tortue est à un mètre de l'arrivée, je pars comme une fusée » se dit le lièvre. La tortue avance tranquillement. Quand elle est à un mètre de l'arrivée, le lièvre s'élance comme un boulet de canon. Mais c'est trop tard, la tortue passe la ligne d'arrivée la première. Elle remporte la victoire. « Vous voyez, j'ai gagné ! À quoi vous sert votre vitesse ? » dit la tortue.

Moralité : courir vite ne sert à rien si on ne part pas au bon moment.

1. Quel est le titre de cette fable ? Le .... et la ....

2. Pourquoi le lièvre rigole-t-il ?

   a ☐ Parce qu'il pense à un film amusant.

   b ☐ Parce qu'il se moque de la tortue.

   c ☐ Parce que la tortue le chatouille.

3. Que fait le lièvre au début de la course ?

   a ☐ Il court en tête.

   b ☐ Il court après la tortue.

   c ☐ Il broute un peu d'herbe et se repose.

4. Quelle est l'expression synonyme de lenteur ?

   a ☐ Comme une tortue.

   b ☐ Comme une fusée.

   c ☐ Comme un boulet de canon.

5. Quelle est le résultat de la course ?

a ☐ Ils sont tous les deux à égalité.

b ☐ La tortue est la gagnante.

c ☐ Le lièvre remporte la course.

6. La morale de la fable est « L'important dans la vie, ...

a ☐ c'est de partir au bon moment ».

b ☐ c'est de courir vite ».

c ☐ c'est de ne pas se fatiguer »

4 Production écrite • Le *10 kilomètres de Paris* est une course à pied en plein cœur de la ville. Remplis ta fiche d'inscription.

Fille ☐	Garçon ☐

Nom : ....

Prénom : ....

Date de naissance : .... / .... / ....

Adresse : ....

Téléphone : ....

Courriel : ....

Date : .... / .... / ....

1 Sommaire en image • **Chaque ligne correspond à une fable différente. Remets chaque fable dans le bon ordre chronologique en inscrivant le chiffre qui correspond (1, 2 ou 3).**

La cigale et la fourmi

Le loup et l'agneau

Le chêne et le roseau

Le laboureur et ses enfants

La laitière et le pot au lait

Les deux coqs

Les deux pigeons

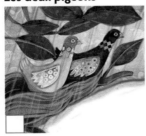  

L'homme et la couleuvre

2 Teste ta mémoire ! • Dis si ces affirmations sont vraies (V) ou fausses (F).

V   F

1. La cigale n'a rien pour l'hiver parce qu'elle n'a pas récolté pendant l'été. ☐☐
2. La fourmi, prise de pitié, offre du grain à la cigale. ☐☐
3. L'agneau se baigne dans la rivière. ☐☐
4. Le loup dévore l'agneau sans se sentir coupable. ☐☐
5. Le roseau s'adapte avec le mauvais temps. ☐☐
6. Le chêne est indestructible. ☐☐
7. Le laboureur parle à ses enfants parce qu'il va prendre sa retraite. ☐☐
8. Les enfants du laboureur trouvent un coffre rempli de pièces d'or. ☐☐
9. Perrette habite en ville. ☐☐
10. La laitière vend tout son lait au marché. ☐☐
11. Les deux coqs font la paix. ☐☐
12. Un vautour change le cours de l'histoire. ☐☐
13. Le pigeon voyageur se fait de nombreux amis pendant son voyage. ☐☐
14. Le pigeon voyageur rentre en regrettant son voyage. ☐☐
15. L'homme trouve la couleuvre dans l'herbe. ☐☐
16. L'homme ne tient pas compte de ce que disent la vache, le bœuf et l'arbre. ☐☐

3 Teste ta mémoire ! • Reconstitue les phrases en plaçant les mots ci-dessous à la bonne place.

> divertissants   censure   leçons   critiquer   indirectement

La Fontaine écrit des fables pour (**1**) .... son époque sans avoir à faire à la (**2**) .... Il utilise des récits inoffensifs d'animaux pour s'attaquer (**3**) .... au roi Louis XIV. Les lecteurs de son époque aiment les livres de La Fontaine qu'ils trouvent (**4**) .... Mais surtout, ils apprennent, en s'amusant, de belles (**5**) .... de vie.

4 Teste ta mémoire ! • **Retrouve à quelle fable appartiennent les morales qui suivent.**

La cigale et la fourmi (**1**), *Le loup et l'agneau* (**2**), *Le chêne et le roseau* (**3**), *Le laboureur et ses enfants* (**4**), *La laitière et le pot au lait* (**5**), *Les deux coqs* (**6**), *Les deux pigeons* (**7**), *L'homme et la couleuvre* (**8**)

a Les puissants ne sont pas à l'abri d'un coup du sort.

b Le travail est un trésor et les efforts sont toujours payants.

c Il ne faut faire de projet avec une chose avant d'être sûr de la posséder.

d La raison du plus fort n'est pas toujours la meilleure.

e La richesse est à chercher chez l'autre et non dans le voyage.

f Le plus fort l'emporte toujours sur le plus faible.

g Il faut parler de loin ou bien se taire.

h Il faut être sérieux et prévoyant tout en restant joyeux et généreux.

5 Lexique • **Remplis la grille de mots croisés grâce aux définitions.**

1. Lance-pierres.

2. Abîmer l'environnement.

3. **Horizontal :** arbre grand et fort.
    Vertical : serpent.

4. Qui n'est pas sérieux, qui ridiculise.

5. Femme de Ménélas.

6. Le petit de la vache.

7. Personne qui garde les moutons.

PERSONNAGES

1 Choisis des mots dans la bulle pour décrire chacun des personnages ci-dessous.

 ....

....

....

 ....

....

....

 ....

....

....

 ....

....

....

> mensonges •
> prévoyance •
> espoir • naïveté •
> indépendance •
> tristesse • cruauté •
> égoïsme •
> domination •
> politesse •
> fatalité • bonheur

 RÉFLEXION

2 Quels sont les valeurs et les sentiments que chaque fable t'inspire ? Choisis un binôme (a-h) dans la bulle et attribue-le à une fable.

> a guerre et mort   b orgueil et faiblesse   c sagesse et richesse
> d amitié et séparation   e rêves et réalité   f puissance et écologie
> g travail et joie de vivre   h cruauté et gentillesse

Fables 1-2-3-4 ▶ .... — .... — .... — ....

Fables 5-6-7-8 ▶ .... — .... — .... — ....

📖 L'HISTOIRE

(3) Observe les mots de sentiments et d'idées dans la bulle ci-dessous. Lesquels peux-tu associer avec les *Fables* de La Fontaine ? Divise-les en positifs, négatifs ou parfois bon / parfois mauvais. Compare tes réponses avec les autres élèves et discutez entre vous des différences. Par exemple :

La fourmi n'éprouve aucune pitié pour la cigale, le chêne en éprouve pour le roseau mais c'est pour mieux se grandir lui-même.

vieillesse ruse ordre des choses
humour sagesse destin dureté
inégalité
liberté d'expression amour pitié
loi de la nature
jeunesse surprise hypocrisie
différence leçon écologie

Positif	Négatif	Parfois bon / parfois mauvais
....	....	....
....	....	....
....	....	

À TOI !

(4) Quels sont les sentiments et les valeurs qui comptent le plus pour toi ? Remplis la bulle avec les mots de ces deux pages. Écris-les gros ou petit en fonction de l'importance que tu leur accord. Compare ta bulle avec les autres élèves.

Les structures grammaticales employées dans les lectures graduées sont adaptées à chaque niveau de difficulté. Tu peux trouver sur notre site Internet, blackcat-cideb.com, la liste complète des structures utilisées dans la collection.

L'objectif est de permettre au lecteur une approche progressive de la langue étrangère, un maniement plus sûr du lexique et des structures grâce à une lecture guidée et à des exercices qui reprennent les points de grammaire essentiels.

Cette collection de lectures se base sur des standards lexicaux et grammaticaux reconnus au niveau international.

Niveau Un A1

Adjectifs cardinaux, démonstratifs, interrogatifs, possessifs
Adverbes de quantité ou d'intensité, de temps
Articles définis, indéfinis, partitifs
C'est / Il est
Complément du nom avec *de*
Féminin
Forme interrogative simple

Il y a
Impératif
Indicatif : présent
Négation simple
Pluriel
Préposition *à, en, au*
Pronoms personnels interrogatifs simples, sujets, toniques

Niveau Un

Si tu as aimé cette lecture, tu peux essayer aussi...

- *La Belle et la Bête*, de J-M. Leprince de Beaumont
- *Histoire d'un casse-noisette*, de A. Dumas
- *Lettres de mon moulin*, de A. Daudet

Niveau Deux

...ou tu peux choisir un titre du niveau suivant !

- *Le Petit Prince*, de A. de Saint-Exupéry
- *Le Roi Arthur et les chevaliers de la Table ronde*, raconté par C. Louvet
- *Tristan et Iseut*, adapté par C. Durand